NOTES DE GUERRE

DE

JEAN BRETON

Du 6 Août au 7 Septembre 1914

GRENOBLE
IMPRIMERIE TYPOGRAPHIQUE ET LITHOGRAPHIQUE JOSEPH BARATIER
24, Avenue Alsace-Lorraine, 24

1916

NOTES DE GUERRE

DE

Jean BRETON

Du 6 Août au 7 Septembre 1914

GRENOBLE
IMPRIMERIE TYPOGRAPHIQUE ET LITHOGRAPHIQUE JOSEPH BARATIER
24, Avenue Alsace-Lorraine, 24
—
1916

Jean BRETON
Sergent au 140ᵉ d'Infanterie
Licencié ès-sciences naturelles

NOTES DE GUERRE

DE

JEAN BRETON

Du 6 Août au 7 Septembre 1914.

---

6 Août.   Départ de Grenoble à 18 h. 1/2 dans un wagon à bestiaux. Destination inconnue.

7 Août.   Réveil en gare de Saint-Amour. 13 h. 1/2, Belfort. Les Français sont à Mulhouse ?
Nous prenons la direction de Brugères où nous arrivons à 24 heures.
Coucher à la caserne.

8 Août.   Départ à 6 heures pour le cantonnement de concentration de Décimont. Vers 14 heures un aéroplane (allemand ?) passe au-dessus de nous. Dans la soirée deux coups de canon sont entendus.

9 Août. A 11 heures, messe à laquelle assiste presque tout le bataillon. Repos le soir.

Une proclamation annonce que nos troupes sont bien effectivement à Mulhouse.

Vu passer des autobus de Paris, transformés en garde-manger et pleins de viande.

10 Août. Partis de Décimont à 4 h. 15 pour Corcieux, à 12 kilomètres de la frontière. Grande chaleur. — Un combat a eu lieu hier au col du Bonhomme. Entendu de bien lointains coups de canon.

Pris la garde en arrivant. Consigne d'arrêter toutes les automobiles Tirer dessus au besoin. Veillé pendant la nuit.

11 Août. Départ à minuit 45 pour la frontière où nous nous battrons enfin ! — Installés en réserve dans un bois de sapins. Café. Grande halte.

Dans l'après-midi nous redescendons à Anould (vallée de la Meurthe). Des aéroplanes passent toute la soirée. Bonne nuit. On ne s'est pas encore battu.

12 Août. Réveil à 4 heures. On ne part pas. Le 15ᵉ corps, qui hier a enlevé tous les cols des Vosges, reste aujourd'hui sur ses positions. Le canon tonne ce matin à l'aube. On n'entend plus rien.

(Notes écrites à la lueur du feu de bivouac).

Nous sommes partis précipitamment à 14 h. 1/2 pour Fraize. Nous sommes entre le col de Sainte-

Marie et le col du Bonhomme. Nous marcherons une partie de la nuit.

Demain ??

13 Août. 5 heures matin. Franchissons la frontière au col de Bagenet. Premiers coups de feu. Le poteau frontière est arraché.

8 heures. — La bataille s'engage. Pétarade générale. — Nous sommes sur un chemin dans la forêt. Je fais une aquarelle. Impossible de tirer. — Immobilisés par l'artillerie allemande, muselée toutefois peu à peu par Victor Rochas qui tire dessus.

9 h. 1/2. — Même situation. Nos troupes se mettent en marche. Nous sommes en réserve pour le grand coup à la baïonnette.

Nous somnolons tranquillement, quand des balles venant frapper dans le feuillage autour de nous, les hommes les accueillent avec des plaisanteries : « C'est pas encore celle-là qui me règlera mon compte. » — Hé adieu ! tu viens de chez ces cochons ? » etc., etc.

Un blessé de la 10e passe.

Midi. — Le combat semble se ralentir. La 10e et la 11e Cie ont pris des dispositions pour passer à la contre-attaque venant du Sud. Que se passe-t-il. On n'entend plus les fusils ; de temps en temps seulement, le canon. On entend un officier faire des commandements en allemand.

Midi 1/2. — Dans le calme plat. Deux coups de fusil.

Dans l'après-midi, nous construisons une tranchée. Vers 17 heures, le canon et le fusil reprennent un moment. On prend des dispositions pour la nuit et l'on mange. — Mais subitement nous partons à 7 heures. Les hostilités ont repris. Nous allons occuper les retranchements des chasseurs qui se sont fait démolir (7ᵉ bataillon).

Nuit passée couchés sur un chemin entre deux barricades.

14 Août. Le matin de part et d'autre on travaille. On n'échange que quelques obus. — Nous construisons des tranchées couvertes, contre le tir d'artillerie.

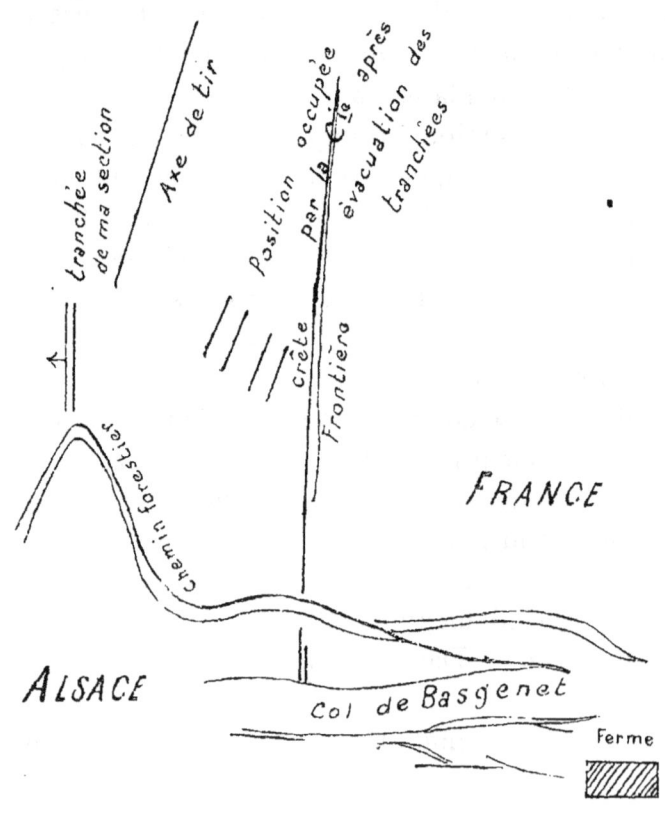

Dans le bois en conduisant des corvées j'ai vu beaucoup de morts et des mulets crevés.

L'infirmerie est bondée de blessés.

Donné coup de main pour enterrer un mort.

A 14 heures l'artillerie allemande nous canonne et prend nos tranchées d'enfilade. Nous devons abandonner nos positions et grimper à la crête. Pendant toute cette marche les obus pleuvent autour de nous. Trois blessés. La marche s'effectue toutefois dans un ordre relatif. On reprend son calme une fois arrêtés. Les obus pleuvent encore à peu de distance, mais nous ne sommes plus dans l'axe du tir.

A 14 h. 1/2 le tir cesse, puis il reprend un instant à 15 heures.

Les brancardiers remontent les morts et les blessés des autres compagnies et des sections de mitrailleuses.

A 15 heures notre artillerie, en position tout le long de la crête, commence un bombardement formidable.

A 15 h. 30 nous redescendons à la tranchée que nous approfondissons et que nous fermons par un double mur de branchages avec terre entre deux.

Nuit fraîche dans la terre humide de la tranchée. On tiraille toute la nuit.

15 Août. Le lieutenant Baffert est remonté sur un brancard. En reconnaissance, il s'est trouvé nez à nez avec les Allemands et a reçu une balle dans la cuisse.

Grand duel d'artillerie. Nous continuons à approfondir notre tranchée et à élever les parapets.

8 heures. — Formidable attaque des 75e et 52e, débouchant par la droite. Nous les appuyons de notre feu. — Notre artillerie arrose les Allemands d'obus. Les balles et les obus sifflent sans arrêt. Chahut formidable.

Le 75e avance sur notre droite. Les Allemands pris de revers, arrosés d'obus, s'enfuient en déroute en gueulant.

A 10 heures nous recevons l'ordre de quitter la position. Nous sommes relayés par le 75e chasseurs.

Nous partons pour Laveline et le col de Sainte-Marie. A Laveline, pluie. — Convoi de 100 prisonniers allemands. — Je me réapprovisionne en conserves.

Nous partons pour Colroy où nous sommes cantonnés. En route, nous croisons des blessés prussiens qu'on évacue vers la France.

16 Août. Départ à 5 heures pour le col de Villé près du col de Sainte-Marie. C'est aujourd'hui le grand coup. Tout le corps d'armée marche sur Sainte-Marie-aux-Mines en trois colonnes convergentes. Il y aura probablement beaucoup de casse. Nous prenons tous nos dispositions pour que les papiers importants puissent être enlevés le cas échéant pour être restitués aux familles. Pour la plupart nous mettons des fleurs à nos boutonnières.

A 10 h. 15 notre artillerie ouvre le feu. Le lieutenant met ses gants blancs.

Nous marchons jusqu'à 16 heures. Il pleut.

Nous traversons un champ de bataille couvert de vestes, de sacs déchirés, de fusils brisés, surtout français (149e) mais aussi allemands (sabres, capotes, cartouches, etc.). Mais nous ne voyons pas l'ennemi.

Par une marche de nuit très pénible nous arrivons à 22 heures à Sainte-Marie-aux-Mines, petite ville alsacienne de 12.000 habitants.

Tout le monde est aux fenêtres, aux portes. Tous ont la figure rayonnante. Mais pas de manifestations bruyantes. On sent encore la frousse de l'Allemand. La joie n'ose pas se manifester.

A 23 heures on nous conduit dans une usine où nous sommes entassés les uns sur les autres couchés sur le plancher.

17 Août. Nous devions avoir jour de repos, mais à neuf heures nous partons. Je pars en corvée chercher des vivres. Je ne trouve que du fromage et quelques pains tout frais qu'on s'arrache à la porte du four. J'achète aussi du pain d'épices pour ma section.

Nous passons par Sainte-Croix. Puis nous remontons un petit vallon. A hauteur d'une scierie une formidable barricade est élevée ; sur le côté cadavre allemand auquel il manque la moitié de la tête. — Nous remontons vers la frontière que nous suivons tantôt en France, tantôt en Alsace. —

Nous passons au col de   ? Il est 17 heures; nous y restons deux heures. Le général gouverneur nous envoie coucher à Colroy, où nous avons couché avant-hier.

Le lieutenant Baron étant malade est évacué. Je passe chef de section.

A la descente, des patrouilles allemandes étant signalées dans le bois, ma section forme arrière-garde. Il fait nuit. Je fais mettre baïonnette au canon. Nous arrivons au village sans incident.

18 Août.   Retour pénible à Sainte-Marie. — Faim.

19 Août.   Départ à 3 h. 15. Une brigade française, qui s'était trop avancée, s'est fait écraser hier. Nous allons à son secours.

La compagnie est aux Gros. Je suis flanc garde à droite. Je reçois l'ordre de me porter à la sortie Est des Gros. J'organise une garde d'issues. La compagnie rejoint. Nous nous portons en avant du village. Une de mes demi-sections, sous les ordres du sergent Perrin, se barricade dans une maison avec l'ordre de tenir jusqu'au bout en tirant par les fenêtres.

Avec l'autre demi-section je me porte à gauche de la route, entre deux carrières, pour battre de mon feu les abords de la route.

Ma position est installée en tout sur une position défensive. Mais l'offensive et la retraite me sont également impossibles à cause des deux canons entre lesquels je me trouve. Je ne peux me retirer que par la droite.

7 h. 1/2. — Les premiers coups de fusil sont entendus. — Il fait enfin beau. La pluie a cessé ; mes effets sont à peu près secs. — Bon soleil d'Alsace.

8 h. 10. — Je relève le rapide petit plan ci-contre :

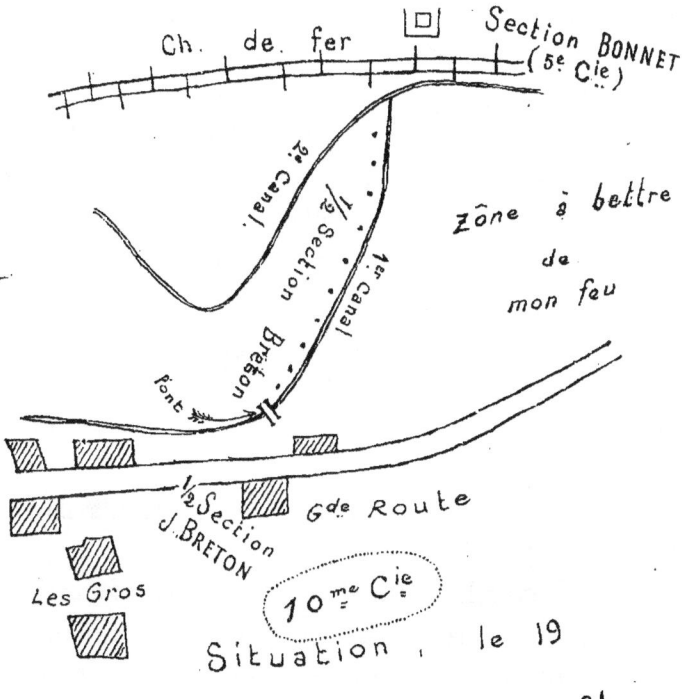

Les coups de feu ont cessé.

Oublié de noter que ce matin nous avons laissé nos sacs et les cuisiniers à Sainte-Marie, c'est donc que nous y reviendrons.

9 heures. — Le capitaine me charge de communiquer à la section du lieutenant Bonnet, qui garde la voie ferrée, que 40 ennemis occupent une position à un kilomètre en avant.

D'autre part une troupe en marche a été vue s'avançant probablement par la voie ferrée qui est bordée d'arbres et de haies. Il devra envoyer soit un poste, soit une patrouille en avant. (Le lieutenant Bonnet, 5e Cie, a été blessé lors de l'attaque par le 75e et le 140e des tranchées du col de Basgenet. Il était remis sur pied deux jours après et reprenait son commandement.)

9 h. 1/2. — Ordre du capitaine : Attention, patrouille sur la route.

9 h. 50. — Coups de feu rapprochés. Nous prenons les positions de tir. Des cavaliers reviennent. C'est eux qui ont tiré sur un groupe de cavaliers allemands.

Le calme renaît à dix heures. Nous restons sur nos positions de tir.

Le lieutenant Luc Pupat croit apercevoir au loin une troupe qui se retire. Les Allemands battraient-ils en retraite sous la couverture de patrouilles de cavalerie chargées de nous couvrir? C'est bien possible, s'ils sont renseignés sur notre situation qui est excellente. Ces sacrés...... nous ne les avons pas encore vus en face une seule fois.

10 h. 1/4. — Renseignements des cavaliers : Une colonne avance par la ligne du chemin de fer. Je donne l'ordre à un caporal et trois hommes de faire face à la voie ferrée, si l'attaque s'y produit.

10 h. 45. — Canon dans le lointain.

Le capitaine donne l'ordre de manger sans quitter les emplacements de combat.

11 h. 10. — Ordre : Se tenir prêts à revenir sur Sainte-Marie. Nous devions en effet, paraît-il, tenir la frontière jusqu'à onze heures.

Nous rentrons à Sainte-Marie.

Il commence à y avoir des malades. Aujourd'hui c'est mon tour. Après m'être drogué et avoir mangé dans une auberge, sur l'ordre du capitaine, je vais me reposer. Je trouve un lit chez une bonne vieille ; je me couche à 4 heures.

20 Août. On vient me réveiller à minuit pour partir à minuit 40. Nous rentrons en France par le col de Sainte-Marie.

Nous croisons des régiments de réserve qui vont nous remplacer à Sainte-Marie et y tenir la position.

Nous passons par Provenchère et remontons au col de Saales où sont les sections de munitions du parc d'artillerie.

Je vois Charles Picon qui a vu Victor Rochas ce matin.

Eglise épatante à Saales.

(Ce n'était pas vrai.) Encombrement formidable de troupes (42 régiments d'infanterie et d'artillerie à ce qu'on dit).

Hier nous avons, paraît-il, reculé à Schirmeck que nous avions pris il y a trois jours. On doit le reprendre ce soir ou demain. Cette position commande la route de Strasbourg. Vais-je faire mon aquarelle ? Il y a encore 63 kilomètres à faire.

Nous allons bivouaquer à Saint-Blaize.

Chance ! nous sommes cantonnés. Bonne soupe. Cinq heures de sommeil.

21 Août. Alerte à 3 h. 1/4.

A 4 heures, le canon ouvre la danse.

A 6 heures, premier coup de fusil.

Le lieutenant de nouveau malade ; je prends la section.

A 8 heures, nous sommes en position dans un bois — L'artillerie canonne de part et d'autre. — Le combat d'infanterie s'engage pour nous à neuf heures 1/4.

Je prendrai des notes plus tard.

2 heures. — Pluie de balles depuis ce matin. Construit tranchées. Allons attaquer pour contribuer à un mouvement tournant par la droite.

Ma section est en échelon en arrière et à gauche pour protéger le flanc gauche du bataillon. — Tout à notre gauche le 52e. Plus à gauche encore opère la 28e division. On ramène quelques blessés de l'avant.

2 h. 45. — Je reçois l'ordre de me porter à droite. — Nous nous installons en ligne de demi-section dans un bois avec quatre ou cinq cadavres.

Schirmeck est-il pris ?

Nous continuons la marche vers le Nord. Le bataillon part. La 11ᵉ Cⁱᵉ reste à la garde des blessés.

Nous revenons à 21 heures dans un groupe de maisons à Kneviller où nous couchons. Cinq heures de sommeil.

22 Août — Au petit jour, occupons une position ; bientôt délogés par des coups de feu nous devons en occuper une autre.

Le caporal Gay de ma section est blessé.

Un aéroplane allemand passe sur nous.

Nous creusons une tranchée.

Pétarade en face de nous. Patrouille de uhlans qui se retirent sous le feu d'une reconnaissance de gendarmes.

A 7 heures, la situation pour nous paraît plutôt mauvaise. Coups de feu de tous les côtés.

Une heure après, la 9ᵉ arrive en renfort. Je change de position et vais m'installer dans un bois de sapins, face à un grand pré. Excellente situation.

— Il a plu un instant pendant une canonnade.

On nous apporte, sur nos positions de tir, des pommes de terre cuites à l'eau qu'on vient d'arracher dans un champ et de faire cuire.

A 11 h. 30, l'artillerie nous canonne. Le tir porte à gauche sur Salm.

12 heures. — On nous apporte une soupe excellente.

L'artillerie bombarde toujours sur notre gauche.

1 heure. — L'artillerie céleste s'en mêle ; il tonne.

2 h. 1/4. — Attaque par la gauche (Salm).

3 h. 1/2. — Nous nous replions sur le capitaine.

Le capitaine m'envoie sur la gauche pour protéger sa retraite éventuelle.

Nous gardons un carrefour où les balles pleuvent.

Nous n'avons pas de blessés.

A 5 heures, nous apprenons que les Français, ont repris Salm. Le canon tonne.

A 7 heures, je redescends occuper ma position de l'après-midi.

Vers 9 heures, fusillade à gauche. Le capitaine me fait dire de me replier sur lui.

Nous passons la nuit en colonne par 4 dans un chemin. Nuit froide et humide.

23 Août. Dès le petit jour, canons et fusils se font entendre. Nous devons évacuer la position. Nous nous retirons sur le col de Hanz.

L'artillerie poursuit le 75e de son feu.

Grande hâte au col.

Le soir, nous redescendons pour coucher près de Belval, dans un petit village.

24 Août. A 1 h. 30, départ. Nous remontons au col. — Aujourd'hui ce sont les Allemands qui ont l'air de recevoir la trifouillée.

On se porte à 11 heures rapidement en avant en

laissant les sacs. Une batterie est menacée. Nous allons la secourir. Ça va barder ! Nous tirerons. Nous chargerons. Ça débute par une marche sous les obus.

La suite au prochain numéro.

J'ai été légèrement contusionné au coude par un éclat d'obus. Il est 15 heures. — Les Allemands ont repris le col. La retraite de la compagnie paraît coupée.

16 heures. — Nous sommes au col. Le 75ᵉ a chargé et a repoussé momentanément l'attaque ; mais on l'abandonnera à la nuit. Nous nous retirons sur la Chapelle, où nous arrivons à 22 h. 50. Sommeil agité.

25 Août. Réveil à 4 h. 1/2. On place des sentinelles aux issues et en avant.

Le capitaine, malade, est évacué. La compagnie reste sans officiers. Elle sera commandée par le lieutenant Bernoux de la 12ᵉ Cⁱᵉ.

Les hommes sont esquintés.

Ce sera le lieutenant Croibier de la 9ᵉ qui remplacera le capitaine et non Bernoux.

Une grande bataille est engagée vis-à-vis notre trouée de Saverne. Les Allemands cherchent par une formidable poussée à couper l'armée de Lorraine de l'armée du Nord. Le 11ᵉ corps va les prendre de flanc.

Le 3ᵉ bataillon garde la plaine et la 3ᵉ Cⁱᵉ barre la vallée en avant de Moyen-Moutier.

A 16 h. 15, nous recevons l'ordre de partir rapidement sur Ravine.

Nous nous arrêtons à Moyen-Moutier, et à la nuit retournons prendre les avant-postes sur nos emplacements.

De tous les côtés lueurs sinistres d'incendies.

26 Août. Au petit jour, j'envoie une patrouille en avant. Puis nous nous reportons au delà de Moyen-Moutier où nous restons en réserve. L'artillerie allemande bombarde Moyen-Moutier. — Un convoi de prisonniers défile à côté de nous. — Les habitants se sauvent affolés de droite et de gauche.

Dans l'après-midi nous nous portons à la sortie Ouest de Moyen-Moutier. Nous sommes bientôt arrosés d'obus percutants qui font évacuer les maisons et les champs.

5 blessés et un mort à la Cie. Le capitaine Fournier a été tué.

Nous allons, par bandes successives, prendre les avant-postes de combat entre deux voies ferrées.

Exécution de nuit de tranchées. Pas d'incident.

27 Août. Au matin, nous revenons à Moyen-Moutier où les obus nous reprennent plus que jamais. Morts, blessés, désarroi. Nous partons pour un bois.

Le capitaine Destezet avec 20 hommes représentant le 2e bataillon en retraite sur Saint-Dié.

A un pont sur la Meurthe la canonnade reprend sur nous. L'état moral des hommes est déplorable.

Soutien d'artillerie. Nous gagnons Vachère. — Bonne chaire. Boissons à profusion. Les hommes sont très éméchés.

A 18 h. 1/4, on apprend que le 14ᵉ corps va être coupé. Rassemblement rapide sous le tir de l'artillerie. Puis, à la nuit, le 99ᵉ occupe des tranchées et nous sommes cantonnés en cantonnement d'alerte.

28 Août. A 2 h. 40, réveil. Nous partons deux sections pour accompagner le courrier. Nous revenons à 6 h. 40 ramenant des blessés et des chevaux, à la requête d'une jeune fille. Nous restons au cantonnement jusqu'à 9 h. 1/4. Puis sur un ordre du lieutenant nous marchons dans le bois. — C'est le lieutenant Baron qui est rentré, qui commande la compagnie.

A 10 heures, grande fusillade à gauche. L'artillerie reprend.

Dans l'après-midi nous occupons un pont en contre-bas. La 28ᵉ division a réattaqué Saint-Dié qui était repris. Nous, 27ᵉ division, nous la soutenons. Pluie d'obus. A la nuit, nous sommes cantonnés.

29 Août. A 4 heures, nous reprenons notre emplacement derrière le pont. L'artillerie reprend malgré le brouillard.

Cela dure jusqu'à midi ; alors forte attaque d'infanterie. Nous allons tout donner. Advienne que pourra.

Mais nous recevons l'ordre de battre en retraite à travers bois. — Obus.

Nous tombons sur un capitaine d'état-major qui nous comble d'éloges. Il paraît que nous avons fait une action d'éclat !?

Nous rentrons dans le bois.

30 Août. Nous prenons position sur la crête derrière le col, face à Saint-Michel.

On prétend que les fameux obus Turpin sont arrivés. — Calme plat.

L'après-midi occupation de la Croix-Idoux. Ma section construit des tranchées.

Au soir, nous nous portons sur une hauteur et y passons la nuit.

31 Août. Aujourd'hui les 14e et 21e corps doivent attaquer pour rejeter les Allemands au delà de la Meurthe.

A 5 heures, nous prenons position un peu au-dessous de la hauteur où nous avons dormi. Temps splendide.

Nous nous déplaçons sur la droite.

Occupation d'une position.

A 10 h. 30, nous partons en reconnaissance pour charger des patrouilles ennemies.

Les Allemands sont postés à Herbeviller que nous occupions avant-hier.

Trois sergents prennent le commandement de trois patrouilles. Je suis au centre.

Nous franchissons le pont, la route. Deux de

mes hommes reçoivent des coups de feu qui ne les atteignent pas.

Je me porte immédiatement en avant par une rue avec un homme ; les autres suivent. Nous marchons l'arme chargée, en joue. A un coin de maison nous voyons deux Allemands à 40 mètres en avant, montant dans un pré, l'arme à la main. Nous nous dissimulons, apprêtons le coup, puis pan ! pan ! Les deux Allemands tombent. Immédiatement des coups de feu sont tirés de l'arrière.

Je me retire et déploie ma patrouille dans le village. Rien ne bouge. Je me prépare à réavancer quand on me crie (je ne sais qui) qu'il y a 50 Allemands sur ma droite. J'organise alors une retraite précipitée. — Le renseignement était faux. — Je regarde encore un moment et je puis rapporter le renseignement suivant : Herbeviller est évacué. Seule une patrouille occupe encore les dernières maisons.

Nous remontons dans le bois et reprenons nos positions.

A 16 h. 1/2, formidable canonnade de part et d'autre. Nuit dans les sapins.

Septemb. Fusillade et canonnade dès la première heure. Il semble que le 21ᵉ corps attaque enfin sur notre droite. Les Allemands semblent reculer leur ligne de défense sur la Meurthe.

On mange un peu. Enfin, soirée calme.

De temps en temps quelques obus.

A 19 heures, je forme une patrouille qui doit

aller à 8 kilom. Lieutenant Perrin la commande, 2ᵉ escouade avec lui.

Ils rentrent dans la nuit. Ils sont tombés dans les avant-postes allemands. Ils ont fui sous le feu. Il en manque cinq à l'appel.

2 Septemb.   Anniversaire de Sédan. Que va-t-il se passer ?

Dès 4 heures le canon tonne. A 5 h. 45, forte attaque d'infanterie sur la droite de la compagnie qui est isolée. — Ce n'est rien.

A 10 h. 1/2, ma section monte à la crête pour la garder. On tire en face de nous.

Nous ouvrons le feu sur des Allemands descendant dans le ravin à 900 mètres. — Trois sont touchés et tombent. Ils ne peuvent pas nous voir pour riposter. Une troupe évacue Herbeviller.

De l'autre côté de la Meurthe une forte colonne d'artillerie allemande descend vers Saint-Dié.

A midi, nous prenons position un peu en arrière. — Nous passons la nuit sur notre position. — Forte attaque sur la 9ᵉ qui repousse en sonnant et prenant la charge.

Gonthier rentre. Vasco est mort.

Il a ramené sur son dos pendant 12 heures Bertrand blessé au pied.

3 Septemb.   Le lieutenant se transporte avec une section à la crête (section Masuel, nouveau lieutenant de réserve que la compagnie a touché).

Une forte attaque sur la 9ᵉ. Je vais à son secours

si possible. Malheureusement une crête me sépare de l'attaque, et sur laquelle je vais pour me poster, car la 9e tirerait sur nous.

Il est 9 heures ; j'attends des ordres. Nous recevons celui de revenir. La compagnie revient sur la crête, laissant l'adjudant et sa section en arrière. Marches, contremarches.

15 heures. — L'adjudant revient. Le sergent Varlot, un de mes anciens élèves caporaux, est mort d'une balle en plein front. En outre, un homme est tué par un éclat d'obus. — Deux autres blessés.

Nous creusons des tranchées ; la situation est mauvaise. — Puis tout à coup on apprend que la situation est excellente partout ailleurs et que les Allemands reculent. Leur attaque a échoué. — Nous couchons sur place.

4 Septemb. Au matin, nous retournons à nos premiers emplacements du matin et des jours précédents. Vers midi, nous revenons vers la Croix-Idoux et le Haut-Jacques. — Réserve au colonel.

Nous mangeons chaud ; il y a cinq jours que cela n'était pas arrivé. Du coup mon pouls passe de 58 à 73.

On apprend que les Allemands ont 43.000 prisonniers ; que les Russes sont à deux étapes de Berlin ; que les Allemands retirent du monde de la Belgique et que nous entrons en Allemagne par le Nord.

Oublié de noter ce matin que nous avons enterré

un de nos morts déjà avancé. Un de mes caporaux, séminariste, a dit les dernières prières. Nous nous étions découverts. Nous avons placé une croix sur sa tombe. Cérémonie très émouvante sous les obus et les balles sifflant à courte distance.

Dans la nuit, changements successifs de positions. Nuit pénible.

5 Septemb.   Nous nous reportons à la Croix-Idoux au petit jour. Changements perpétuels de positions. — Tranchées.

Dans l'après-midi retour précipité sous les obus. Mulets et hommes tués.

Rassemblement vers la maison forestière. Cuisine plus bas. Montée pénible de nuit à la forêt de la Voivre.

6 Septemb.   Au petit jour on touche l'ordinaire et l'on fait la cuisine. Nous allons nous reporter à l'attaque de la Croix-Idoux et de Sauceray. — La Croix est rapidement enlevée. Nous nous portons sur Sauceray sans rien rencontrer, puis arrivés à la lisière du bois nous nous déployons. Le lieutenant méfiant envoie des patrouilles dans le village. Presque aussitôt une pluie d'obus s'abat sur le village. Puis des coups de feu.

On nous avait tendu un traquenard. Nous remontons très rapidement sur la crête. Tout le monde rentre indemne.

Nous revenons à la Croix-Idoux où nous passons une mauvaise nuit.

7 Septemb.   Au matin, on envoie une corvée d'eau pour faire le café et le potage salé.

Ici se terminent les notes de Jean Breton. Il fut blessé ce 7 septembre, à 15 heures, dans les bois de la Croix-Idoux. Transporté d'abord au poste de secours de Rouges-Eaux, il arriva le lendemain soir 8 septembre à l'Hôpital de Bruyères. On lui coupa la jambe le 10, et il mourut le 11, à 16 h. 1/2.

Il mourut en brave et en grand chrétien.

CITATION A L'ORDRE DU RÉGIMENT

Le Lieutenant-Colonel, commandant le 140ᵉ régiment d'Infanterie, cite à l'ordre du régiment :

BRETON, sergent,
11ᵉ Cⁱᵉ, 140ᵉ régiment d'Infanterie,

Sous-officier d'une haute valeur morale, blessé le 7 septembre 1914, au combat de la Croix-Idoux (Vosges), en se portant à l'attaque d'un retranchement ennemi ; a répondu à son commandant de compagnie qui s'informait de la gravité de son état : « C'est pour la France. »

Mort des suites de ses blessures.

Belrupt, le 3 mai 1916.

Le Lieutenant-Colonel, commandant le 140ᵉ d'Infanterie,
Signé : Destezet.

www.ingramcontent.com/pod-product-compliance
Lightning Source LLC
Chambersburg PA
CBHW060544050426
42451CB00011B/1807